L'ÉCOLE DES RÊVES

ÉCOUTER SES RÊVES POUR VIVRE MIEUX

@suzac_editions
edito@suzac.fr
www.suzac.fr

Dépôt légal : février 2024
ISBN : 978-2-490795-65-9

Achevé d'imprimer : janvier 2024
Imprimé en UE

L'ÉCOLE DES RÊVES

ÉCOUTER SES RÊVES POUR VIVRE MIEUX

SUZAC éditions

sommaire

I have a dream.

Martin Luther King (1929-1968)

1

AU COMMENCEMENT était le rêve

Ce fut un songe admirable, de ceux que Dieu même fait venir du ciel par le ministère des anges, dont les images sont si nettes et si démêlées, où l'on voit je ne sais quoi de céleste (…) Le miracle qu'elle attendait est arrivé : elle croit, elle qui jugeait la foi impossible ; Dieu la change par une lumière soudaine et par un songe qui tient de l'extase.

Jacques-Bénigne Bossuet (1627-1704)

Il eut un rêve. Il crut voir cette femme charmante que Dieu avait tirée de lui ; elle s'approchait en souriant et il sembla au premier homme qu'elle s'étendait dans ses bras. À ce moment, derrière les océans antédiluviens, le soleil paraissait et la terre se souleva tout entière pour en recevoir les rayons.

Quelques jours après, à l'endroit même où Adam avait dormi, un arbuste germait ; bientôt cet arbuste fut un arbre.

Maxime Du Camp (1822-1894)

Ne vous étonnez point ;
Votre songe a du sens ;
et, si j'ai sur ce point
Acquis tant soit peu
d'habitude,
C'est un avis des Dieux.

Jean de La Fontaine (1621-1695)

Et d'où un tel rêve lui pouvait-il venir, mon Dieu, sinon de ce que vous daigniez prêter l'oreille à la voix et aux gémissements de son cœur ?

Saint Augustin (354-430)

On s'étonnera sans doute que faisant si peu de cas de tout l'extraordinaire, je rapporte des songes. Je le fais pour deux raisons : la première, par fidélité, ayant promis de ne rien omettre de ce qui me viendrait dans l'esprit ; la seconde, parce que c'est la manière dont Dieu se sert et se communique aux âmes de foi pour leur donner des significations de l'avenir en choses qui les concerne.

Jeanne-Marie Guyon (1648-1717)

2

RÊVES TOUT puissants

Le rêve est une pensée étrangère à elle-même ; il se produit dans un état de passivité du sujet, hors de sa volonté consciente, il escamote la morale, déjoue la censure, réactive un contenu refoulé et le met en scène en le défigurant, le fragmentant, le déguisant.

Giuditta Isotti-Rosowsky (XXIe siècle)

Et le comble, c'est qu'il n'avait même pas les yeux ouverts, parce qu'il dormait et rêvait qu'il était en train de se battre contre un géant : il avait imaginé l'aventure avec une telle intensité que cela lui avait fait rêver qu'il était arrivé au royaume de Micomicon et qu'il était déjà engagé dans la lutte contre son ennemi. Et il avait donné tant de coups d'épée dans les outres de cuir, en croyant qu'il les donnait au géant, que toute la chambre était pleine de vin.

Miguel de Cervantes (1547-1616)

On a dit que tout homme était un Shakespeare dans ses rêves.

Maurice Maeterlinck (1862-1949)

Dans mon assoupissement, il m'a été avis que j'étais transportée par les Airs, et qu'après avoir fait le Circuit de toute la Terre, j'ai été par un grand tourbillon de feu précipitée dans le Centre des Abîmes.

Onésime de Clairville (vers 1599-vers 1650)

Les androïdes rêvent-ils ? se demanda Rick. De toute évidence, la réponse est oui, sans quoi il ne leur arriverait pas de tuer leurs employeurs pour s'enfuir ensuite sur la terre. Pour y trouver une vie meilleure, sans servitude.

Philip K. Dick (1928-1982)

Le monde de mes rêves est un monde minéral, dallé de pierres et bordé d'édifices sur le fronton desquels je lis parfois des sentences mystérieuses. C'est une longue suite d'esplanades, de galeries et de perspectives à travers lesquelles je me promène, comme dans un espace entièrement abstrait, dépouillé de toute réalité terrestre. (...) Je ne m'intéresse pas plus aux événements qui se produisent d'ordinaire dans le rêve qu'à ceux de la vie réelle. Seule me semble importante cette merveilleuse libération de l'esprit, qui permet d'aborder les spéculations les plus graves au moyen de l'analyse des mots, cette logique spéciale moins rigoureuse sans doute que la logique habituelle, mais combien plus suggestive dans ses révélations d'oracle.

Michel Leiris (1901-1990)

Quel rêve terrible j'ai fait il y a quelques jours. J'étais devenu quelqu'un de tout à fait mauvais, à la suite de quoi, je ne parvenais pas à le savoir. J'étais brutal de la tête aux pieds, un morceau de chair humaine pomponné, maladroit, cruel. J'étais gros, apparemment mes affaires étaient florissantes. Des bagues étincelaient aux doigts de mes mains informes, mon ventre laissait pendre négligemment des tonnes de dignité dodue. Je sentais fort bien qu'il m'était permis de commander et de déchaîner mes caprices. À côté de moi, sur une table abondamment servie, brillaient les objets exigés par une avidité insatiable, bouteilles de vin et flacons de liqueur, ainsi que les plats froids les plus raffinés. Je n'avais qu'à tendre la main, ce que je faisais de temps à autre. Aux couteaux et aux cuillers collaient les larmes des ennemis que j'avais détruits, et le tintement des verres s'accompagnait des soupirs d'innombrables pauvres gens, mais les traces de larmes me donnaient envie de rire, tandis que les soupirs de désespoir étaient à mes oreilles une douce musique.

Robert Walser (1878-1956)

3

L'IMAGINATION VÉHICULE du rêve

Un de mes rêves était la synthèse de ce que mon imagination avait souvent cherché à se représenter, pendant la veille, d'un certain paysage marin et de son passé médiéval (…) Ce rêve où la nature avait appris l'art, où la mer était devenue gothique, ce rêve où je désirais, où je croyais aborder à l'impossible, il me semblait l'avoir déjà fait souvent.

Marcel Proust (1871-1922)

Le rêve, à ce qu'il me paraît, est une défense et notre sauvegarde contre la routine et la banalité de l'existence, les libres vacances de l'imagination enchaînée, où elle s'amuse à mettre sens dessus dessous toutes les façons de la vie et à couper d'un jeu d'enfant joyeusement folâtre le perpétuel sérieux affairé de l'adulte.

Novalis (1772-1801)

J'entends dire et répéter que nos rêves dépendent de ce dont nous avons été frappés les jours précédents. Je crois bien que nos rêves, ainsi que toutes nos idées et nos sensations, ne sont composés que de parties déjà familières et dont nous avons fait l'épreuve ; mais je pense que ce composé n'a souvent pas d'autre rapport avec le passé. Tout ce que nous imaginons ne peut être formé que de ce qui est ; mais nous rêvons, comme nous imaginons, des choses nouvelles, et qui n'ont souvent, avec ce que nous avons vu précédemment, aucun rapport que nous puissions découvrir. Quelques-uns de ces rêves reviennent constamment de la même manière, et semblables dans plusieurs de leurs moindres détails, sans que nous y pensions durant l'intervalle qui s'écoule entre ces diverses époques.

Étienne Pivert de Senancour (1770-1846)

Je croyais noter les rêves que je faisais : je me suis rendu compte que, très vite, je ne rêvais déjà plus que pour écrire mes rêves.

Georges Perec (1936-1982)

J'ai observé que raconter un rêve, c'était l'imaginer autant que s'en souvenir.

Daniel Pennac (1944-)

4

DES POUVOIRS insoupçonnés

Ah ! n'éteignez pas ces étincelles ; laissez-nous nos songes, même les plus sombres. Ils sont encore plus doux que notre existence actuelle ; ils nous ramènent à cet âge où le fleuve de la vie réfléchit encore le ciel.

Germaine de Staël (1766-1817)

Le cosmos entier est dans le cerveau d'un homme – autant du moins que ce cerveau en peut contenir ; il n'est peut-être nulle part ailleurs. Et lorsque le rêve détend la volonté et qu'il n'y a aucun environnement terrestre pour distraire l'attention – que ni devoir, ni peine, ni plaisir n'y obligent – la fantaisie, sans son cavalier, prend le mors aux dents et le cosmos entier devient fou et fait ce qu'il veut de nous.

Et les fausses terreurs, et les fausses détresses pour indicibles qu'elles soient, ne sont pas pires que les terreurs et détresses réelles qui ne sont que trop souvent le lot de l'homme éveillé, ni même aussi pénibles ; mais les ineffables fausses joies transcendent toute félicité humaine possible tant qu'elles durent, et elles durent bien peu ! En nous éveillant, nous nous étonnons de la précarité de ce sur quoi une béatitude tellement surhumaine semble reposer. Mais qu'importe la cause si la béatitude est là, si le cerveau a des nerfs pour sentir ? Pauvre nature humaine, si richement pourvue de sensibilité pour l'angoisse, si splendidement organisée pour la peine et la douleur, et qui est si maigrement équipée pour la joie !

George du Maurier (1834-1896)

Un seul rêve est plus puissant qu'un millier de réalités

J. R. R. Tolkien (1892-1973)

PARCE QU'ILS TRANSGRESSENT NOS LIMITES, LES RÊVES AIDENT À VIVRE.

Laurent Gounelle (1966-)

dream

Dans leur développement les rêves respirent ; ils ont des larmes, des tourments, et sont susceptibles de joie ; ils laissent un poids sur les pensées de notre réveil, ils enlèvent un poids aux fatigues de notre veille.

George Gordon Byron (1788-1824)

D'autres fois je me trouve dans une situation indéfinissable ; je ne dors ni ne veille, et cette incertitude me plaît beaucoup. J'aime à mêler, à confondre les idées du jour et celles du sommeil. Souvent il me reste un peu de l'agitation douce que laisse un songe animé, effrayant, singulier, rempli de ces rapports mystérieux et de cette incohérence pittoresque qui amusent l'imagination. Le génie de l'homme éveillé n'atteindrait pas à ce que lui présentent les caprices de la nuit.

Étienne Pivert de Senancour (1770-1846)

LE RÊVE EST UNE EXCURSION DANS LES LIMBES, UNE DEMI-DÉLIVRANCE DE LA PRISON HUMAINE.

Henri-Frédéric Amiel (18821-1881)

Les rêves soulagent un moment la bête dévorante qui s'agite en nous.

Charles Baudelaire (1821-1867)

L'esprit de l'homme qui rêve se satisfait pleinement de ce qui lui arrive. L'angoissante question de la possibilité ne se pose plus.

André Breton (1896-1966)

Dans les rêves, je vole, je sais que c'est là mon privilège, là je ne me souviens d'aucun état où je ne sois capable de prendre mon envol. Exécuter toutes sortes de courbes et d'angles au gré d'une facile impulsion, mathématique volante ? C'est là un bonheur si particulier que, chez moi, à la longue il a imbibé la sensation fondamentale du bonheur. Et quand il semble qu'une humeur parfaitement heureuse me veuille combler, je me trouve toujours dans semblable, libre flottement planant vers le haut et vers le bas délibérément, sans tension dans un sens, ni condescendance ni abaissement dans l'autre. L'« essor » – tel que beaucoup décrivent ceci, me semble trop musculaire et forcé. Je comprends les corybantes et même la nature dionysiaque le mieux en tant que tentatives d'animaux non ailés pour s'imaginer des ailes et s'élever au-dessus de la terre. Bruissement de violente motion, tel un formidable battement d'ailes – dont l'effet leur procure finalement la semblance d'être dans les hauteurs.

Friedrich Nietzsche (1844-1900)

**DEPUIS TOUJOURS,
JE COMPTE SUR MES NUITS
POUR ÉCLAIRER MES JOURS…
NOTABLEMENT.**

Henri Michaux (1899-1984)

Rêver, c'est voir sans les yeux, entendre sans les oreilles, oublier ses sens et jouir de leurs doubles cachés en nous.

Robert Sabatier (1923-2012)

5

RÊVES prophétiques

Le curieux était qu'à ce moment, dans le rêve, les mots ne l'avaient pas beaucoup impressionné. C'est seulement plus tard, et par degrés, qu'ils avaient pris tout leur sens. (…) « Nous nous rencontrerons là où il n'y a pas de ténèbres », avait dit O'Brien. Winston ne savait pas ce que cela signifiait, il savait seulement que, d'une façon ou d'une autre, cela se réaliserait.

George Orwell (1903-1950)

La divinité se plaît souvent à révéler, en songe, le futur aux hommes – non pas pour qu'ils évitent ainsi le malheur (car personne ne peut être plus fort que le Destin), mais pour qu'ils supportent plus aisément leurs souffrances. Car ce qui survient tout à la fois brusquement, et sans qu'on s'y attende, bouleverse l'esprit sous la brutalité du coup et le submerge ; tandis que ce à quoi l'on s'est attendu avant de le subir a pu, par l'accoutumance graduelle, émousser le chagrin.

Achille Tatius (IIe siècle)

Puisque la vie est si courte, rêvons, mon âme, rêvons une fois encore, mais que ce soit en prenant garde et en considérant que nous devons au moment le plus imprévu nous réveiller de ce bonheur ; si en effet nous nous souvenons de cela, la désillusion sera moindre, car c'est déjouer le malheur que de le devancer par la pensée. Sachant ainsi d'avance que, lors même qu'il serait réel, tout pouvoir est d'emprunt et doit être rendu à son possesseur, affrontons tous les risques.

Pedro Calderón de la Barca (1600-1681)

Les rêves (…) peuvent quelquefois annoncer certaines situations bien avant qu'elles ne se produisent. Ce n'est pas nécessairement un miracle, ou une prophétie. Beaucoup de crises, dans notre vie, ont une longue histoire inconsciente. Nous nous acheminons vers elles pas à pas, sans nous rendre compte du danger qui s'accumule. Mais ce qui échappe à notre conscience est souvent perçu par notre inconscient, qui peut nous transmettre l'information au moyen du rêve.

Carl Gustav Jung (1875-1961)

DANS LE SOMMEIL, L'ÂME MORTELLE EST TOUTE ÉCLAIRÉE D'YEUX, À QUI LE DON DE VOIR EST REFUSÉ QUAND VIENT LE JOUR.

Eschyle (525-456 av. J.-C.)

Les mille et un procédés de la divination,
je les ai mis en système.
Le premier, j'ai distingué dans les rêves
ce qui doit se produire en plein jour (...)

Eschyle (525-456 av. J.-C.)

Il y a des songes qui sont spéculatifs, et correspondent à leur vision. Comme quelqu'un a songé que le Navire où il était périssait, et au réveil il arriva que c'était vrai, et il se sauva avec peu de gens. Les autres sont allégoriques, qui par une chose signifient une autre, l'âme nous avisant naturellement qu'il y a je ne sais quoi de secret caché dessus, dont je donnerai une définition du Songe en général, contre laquelle on ne pourra rien alléguer sauf chez les esprits chicaniers.

Artémidore d'Éphèse (IIe siècle)

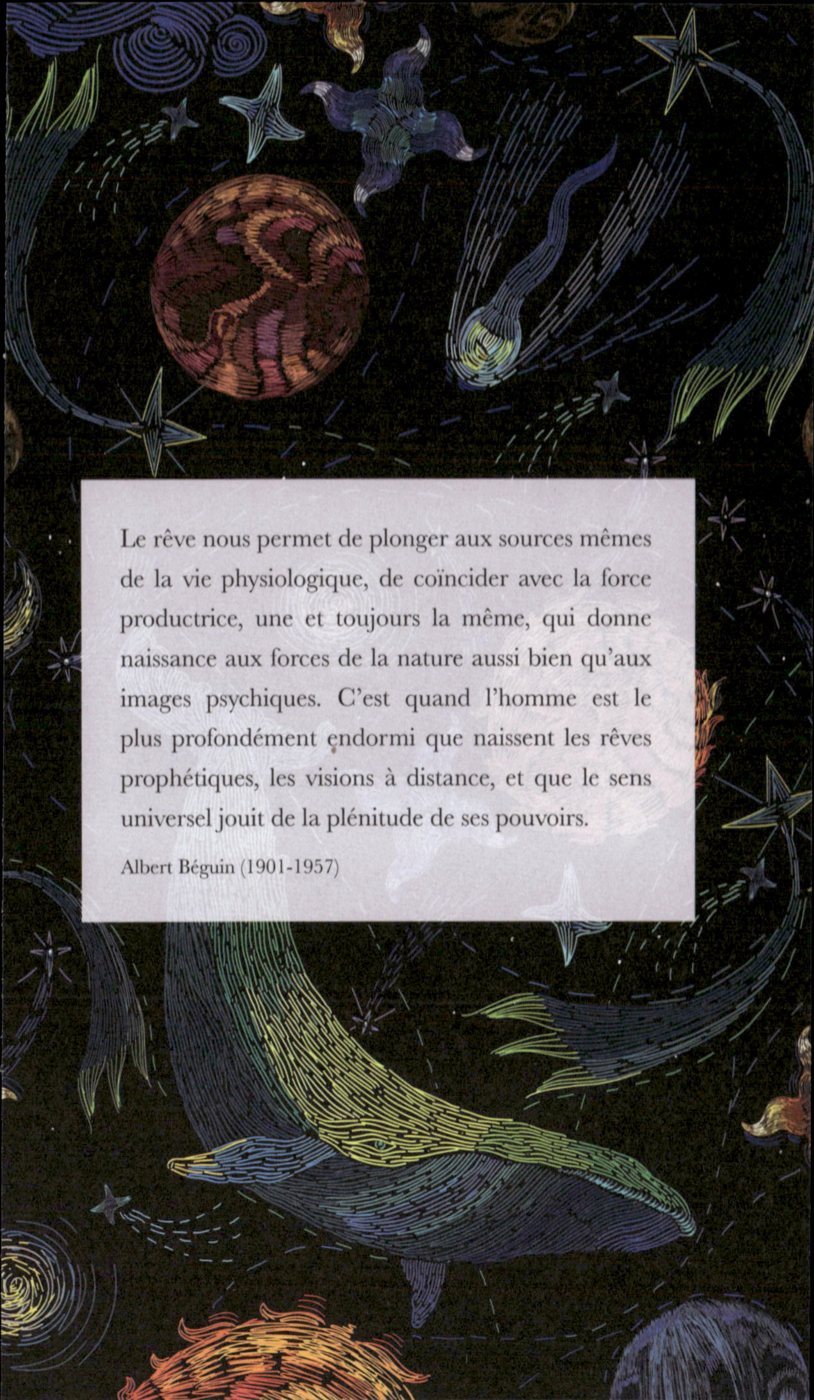

Le rêve nous permet de plonger aux sources mêmes de la vie physiologique, de coïncider avec la force productrice, une et toujours la même, qui donne naissance aux forces de la nature aussi bien qu'aux images psychiques. C'est quand l'homme est le plus profondément endormi que naissent les rêves prophétiques, les visions à distance, et que le sens universel jouit de la plénitude de ses pouvoirs.

Albert Béguin (1901-1957)

6

PASSERELLE VERS l'invisible

En chacun de nous existe un autre être que nous ne connaissons pas. Il nous parle à travers le rêve et nous fait savoir qu'il nous voit bien différent de ce que nous croyons être.

Carl Gustav Jung (1875-1961)

Qu'il était facile, ce matin-là, d'accepter de passer dans le monde fluide du rêve, d'oublier l'ancre cachée qui garde au port notre monde, de croire au fond de soi – pensée certes coupable – qu'il n'y a pas de raison pour soustraire aux assauts de symboles venus d'ailleurs le domaine étroit du vécu.

Yves Bonnefoy (1923-2016)

Ô mon hôte, je sais la vanité des songes et leur obscur langage !… Je sais, pour les humains, combien peu s'accomplissent ! Les songes vacillants nous viennent de deux portes ; l'une est fermée de corne, l'autre est fermée d'ivoire ; quand un songe nous vient par l'ivoire scié, ce n'est que tromperie, simple ivraie de paroles ; ceux que laisse passer la corne bien polie nous cornent le succès du mortel qui les voit.

Homère (VIIIe siècle av. J.-C.)

Je m'étonne que la plupart des hommes aient si peur des spectres, eux qui acceptent si facilement de parler aux morts dans leurs songes.

Marguerite Yourcenar (1903-1987)

LE RÊVE EST UNE SECONDE VIE. JE N'AI PU PERCER SANS FRÉMIR CES PORTES D'IVOIRE OU DE CORNE QUI NOUS SÉPARENT DU MONDE INVISIBLE.

Gérard de Nerval (1808-1855)

Rêver ne signifie pas avoir des rêves. Rêver permet de percevoir d'autres mondes et de les décrire.

Carlos Castaneda (1925-1998)

J'ai fait un songe, dit Ève. Mon corps se transformait en idée, en pure conscience, un peu comme dans une allégorie à l'envers. Mais ce n'était pas une idée générale, une conscience universelle. C'était une conscience particulière née d'une chair identifiée. La mienne, ma propre chair faite esprit. Et cet esprit grandissait, s'étendait dans l'espace-temps à une vitesse infiniment supérieure à celle de la lumière, traversant toutes les hiérarchies de la matière. Ainsi je vis l'étoile et son système local, la galaxie, l'amas de galaxies et le superamas d'amas, puis notre univers entier. Et je progressais dans le vide. Ce vide se trouva bientôt peuplé d'un second univers, puis d'une multitude. Certains explosaient, d'autres s'étendaient, d'autres encore s'effondraient. Mais ces naissances et ces apocalypses me semblaient aussi anodines qu'une simple vie cellulaire. Et ces univers eux-mêmes s'organisaient en systèmes, en galaxies, en amas, en superamas et en macro-univers. Il semblait que rien ne pouvait arrêter cet enchaînement.

Michel Rio (1945-)

7

INTERPRÉTER POUR MIEUX vivre

Si on arrive à s'en imprégner et à bien interpréter ses rêves, on peut accéder à la sérénité, acquérir plus de force intérieure, affermir sa personnalité, fortifier sa confiance en soi, dénouer les conflits psychologiques qui empêchent d'avancer, trouver grâce à eux des solutions.

Marie-Françoise Barbot (1957-)

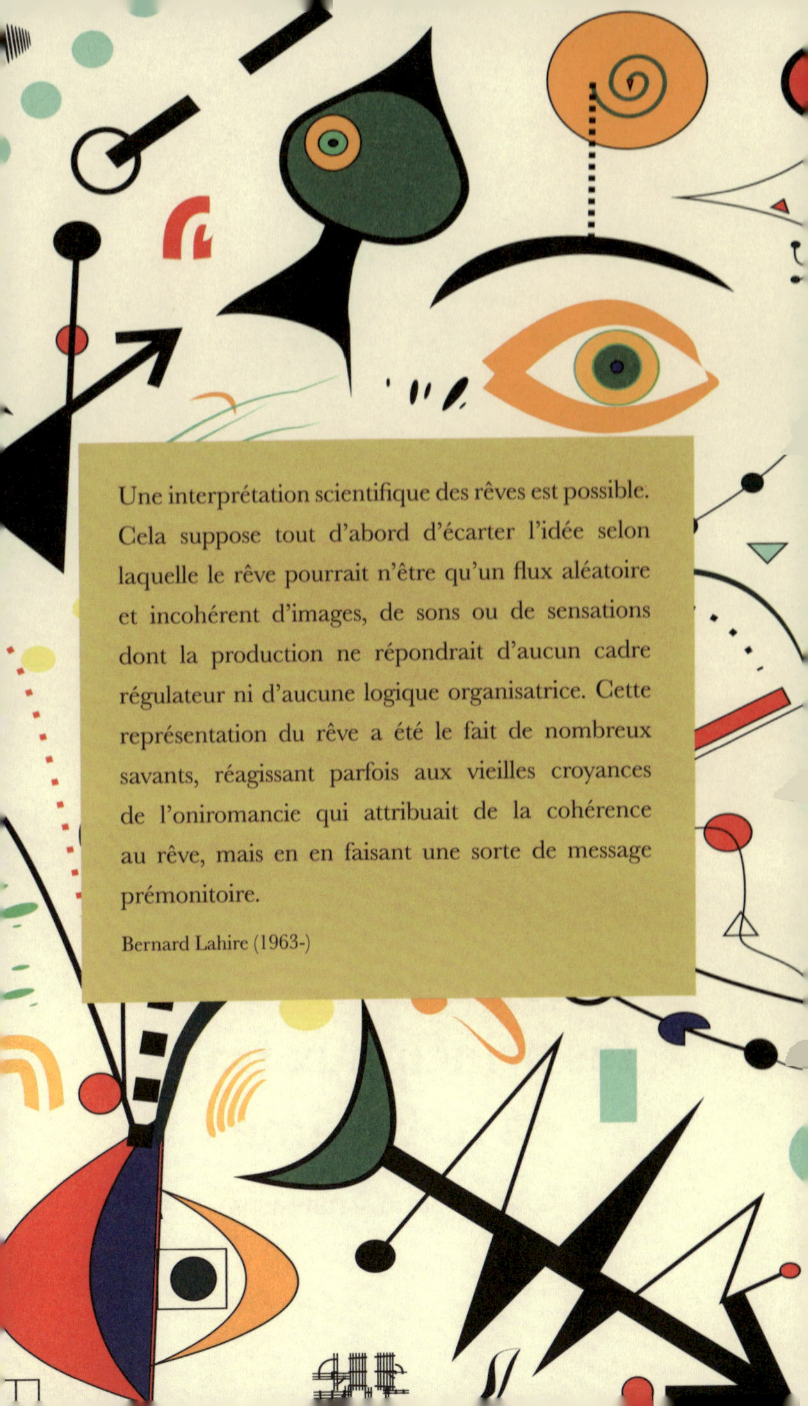

Une interprétation scientifique des rêves est possible. Cela suppose tout d'abord d'écarter l'idée selon laquelle le rêve pourrait n'être qu'un flux aléatoire et incohérent d'images, de sons ou de sensations dont la production ne répondrait d'aucun cadre régulateur ni d'aucune logique organisatrice. Cette représentation du rêve a été le fait de nombreux savants, réagissant parfois aux vieilles croyances de l'oniromancie qui attribuait de la cohérence au rêve, mais en en faisant une sorte de message prémonitoire.

Bernard Lahire (1963-)

Il en va pour les rêves comme pour les poèmes, qui ne sauraient être réduits à ce qui les nourrit secrètement et qu'ils cachent et transfigurent.

Philippe Jaccottet (1925-2021)

Nos rêves bien étudiés révéleraient mieux que nos actes les principaux traits de notre âme.

Gustave Vapereau (1819-1906)

Du reste, l'interprète le plus habile des songes est celui qui sait le mieux en reconnaître les ressemblances ; car tout le monde pourrait expliquer des songes qui reproduisent exactement les choses. Je dis les ressemblances, parce que les images des rêves sont à peu près comme les représentations d'objets dans l'eau, ainsi que nous l'avons déjà dit : quand le mouvement du liquide est violent, la représentation exacte ne se produit pas, et la copie ne ressemble pas du tout à l'original. Dans ce cas, l'homme habile à juger les apparences serait celui qui pourrait le plus promptement démêler et reconnaître, dans ces représentations tout oscillantes et toutes disloquées, que telle image est celle d'un homme, telle autre celle d'un cheval, ou celle de tout autre objet. Le songe produit ici un effet à peu près semblable ; le mouvement brise le rêve et l'empêche d'être l'exacte copie des choses.

Aristote (384-322 av. J.-C.)

Tout ce à quoi nous rêvons ou bien a manifestement une signification psychologique, ou bien est déformé et ne peut être jugé qu'après interprétation : on en aperçoit alors la signification cachée. Le rêve ne s'occupe jamais de vétilles, nous ne laissons pas troubler notre sommeil pour si peu. Les rêves innocents en apparence sont pleins de « malice » quand on les interprète, ils ont, si on peut dire, quantité d'idées de derrière la tête.

Sigmund Freud (1856-1939)

RÊVER, C'EST PORTER UN DIAGNOSTIC NON SUR CE QUE NOUS SOMMES, MAIS SUR CE QUE NOUS POURRIONS ÊTRE.

Félicien Marceau (1913-2012)

Si le sommeil est une fermeture au monde réel, le rêve, lui, ouvre sur tout un matériel de pensées. Le rêve est tout à la fois une activité de pensée (le travail de rêve) et un accomplissement de souhait. L'interprétation du rêve est la voie royale menant à la connaissance de l'inconscient.

Sigmund Freud (1856-1939)

8

FENÊTRE SUR le réel

Ainsi les gloires ressemblent tant aux songes que les vraies sont tenues pour mensongères et les fictives pour réelles ? Entre les unes et les autres, il est donc si peu de différence que cela fait question de savoir si ce que l'on voit, ce dont on jouit, est illusion ou réalité ?

Pedro Calderón de la Barca (1600-1681)

Mon rêve gonfle comme une pâtisserie au four, je crois qu'il est prêt pour son passage à la réalité.

Mathias Malzieu (1974-)

— Mais les rêves ne sont pas la réalité, dit Alice
— Qui peut dire où commence l'un et où finit l'autre ?

Lewis Caroll (1832-1898)

La production des images de rêve dépendant toujours au moins de ce double jeu de glaces, il y a là l'indication du rôle très spécial, sans doute éminemment révélateur, au plus haut degré « surdéterminant » au sens freudien, que sont appelées à jouer certaines impressions très fortes, nullement contaminables de moralité, vraiment ressenties « par-delà le bien et le mal » dans le rêve et, par suite, dans ce qu'on lui oppose très artificiellement sous le nom de réalité.

André Breton (1896-1966)

Personne ne peut savoir si le monde est fantastique ou réel, et non plus s'il existe une différence entre rêver et vivre.

Jorge Luis Borges (1899-1986)

Ces quelques remarques nous permettront de mieux comprendre la distinction que chacun est bien obligé d'opérer entre les sentiments imaginaires et les sentiments réels que nous éprouvons en rêve. Il est des rêves où l'objet-moi est terrifié et cependant nous ne les appellerons pas des cauchemars, parce que le dormeur, lui, est fort paisible. Il s'est donc borné à doter l'objet-moi des sentiments qu'il devait éprouver pour la vraisemblance même de la situation. Ce sont des sentiments imaginaires, qui ne « prennent » guère plus le dormeur que ce qu'on a coutume d'appeler « abstrait émotionnel ». C'est que le rêve ne motive pas toujours des émotions réelles chez le dormeur ; pas plus qu'un roman, même s'il retrace des événements horribles, ne parvient toujours à nous émouvoir. Je puis assister, impassible, aux aventures de l'objet-moi.

Jean-Paul Sartre (1905-1980)

Les incidents de l'état de veille semblent moins réels, parfois moins importants que ces songes.

Margueritte Yourcenar (1903-1987)

QUELQU'UN QUI NE LAISSE PAS LA RÉALITÉ DÉRANGER SES RÊVES EST UN SAGE.

Christiane Singer (1943-2007)

Tous nos rêves s’envolent au chant du coq de la réalité.

Henri-Frédéric Amiel (1821-1881)

Il m'est impossible de séparer le songe de la réalité. Des ombres défilent devant moi. Des visages. Des lieux. Des voix. Je ne parviens pas à associer cet univers fantasmagorique à une situation précise. Pour moi, tout cela demeure confus. J'ai la sensation d'être au fond d'un précipice et de remonter doucement, par une ascension qui me berce et me fait miroiter ce bonheur factice vers lequel je me dirige en volant dans les airs. Le vent me donne des ailes. Je les déploie. Je n'ai qu'à lever les bras au ciel pour m'envoler. Est-ce pour cela que mes paupières s'alourdissent ?

Alain Mabanckou (1966-)

9

RÊVER LE MONDE, UN HÉRITAGE universel

Je rêve que mes quatre jeunes enfants vivent un jour dans une nation où ils ne seront pas jugés par la couleur de leur peau, mais à la mesure de leur caractère.

Martin Luther King (1929-1968)

UN RÊVE QUI NE CHANGE PAS LES DIMENSIONS DU MONDE EST-IL VRAIMENT UN RÊVE ?

Gaston Bachelard
(1884-1962)

Le monde se fait rêve ; et rêver devient monde.

Novalis (1772-1801)

Je ne sais pas si l'humanité rêve, collectivement, je ne sais pas s'il existe des rêves que nous faisons ensemble, cauchemars de foule ou songes de groupe, un songe par monde : rêves latins anciens pour ceux qui parlaient le latin, songes juifs d'écriture juive, rêves français pour l'histoire de France, croyez-vous qu'une histoire, une culture ou une langue soient taillées dans un commun tissu de songes ? Aimer quelqu'un, vivre avec lui, est-ce rêver le même récit ?

Michel Serres (1930-2019)

**SI QUELQU'UN RÊVE SEUL,
CE N'EST QU'UN RÊVE.
SI PLUSIEURS PERSONNES
RÊVENT ENSEMBLE,
C'EST LE DÉBUT D'UNE RÉALITÉ !**

**Friedensreich Hundertwasser
(1928-2000)**

Imagine qu'il n'y ait plus de pays. Ce n'est pas difficile à faire. Plus aucune raison de tuer ou de mourir. Et pas de religion non plus. Imagine tous les gens vivre leur vie en paix. Tu peux dire que je suis un rêveur, mais je ne suis pas le seul. J'espère qu'un jour tu nous rejoindras. Et le monde sera uni.

John Lennon (1940-1980)

C'est par les rêves que l'humanité forme malgré tout un bloc, une unité, et qui se comprend.

Henri Michaux (1899-1984)

LE RÊVE EST LA PREUVE QU'IMAGINER, RÊVER CE QUI N'A PAS ÉTÉ, EST L'UN DES PLUS PROFONDS BESOINS DE L'HOMME.

Milan Kundera (1929-2023)

En vérité, l'avenir que nous montre le rêve n'est pas celui qui va survenir, mais celui dont nous aimerions qu'il survienne ainsi. L'âme du peuple procède ici comme elle est habituée à le faire : elle croit ce qu'elle souhaite.

Sigmund Freud (1856-1939)

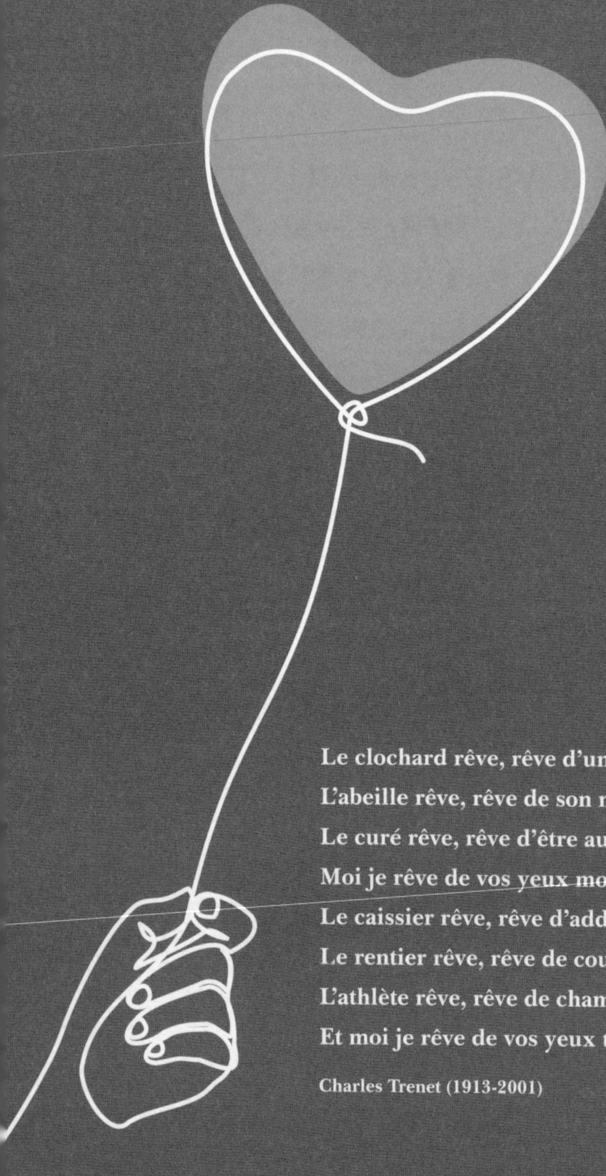

Le clochard rêve, rêve d'un hôtel
L'abeille rêve, rêve de son miel
Le curé rêve, rêve d'être au ciel
Moi je rêve de vos yeux mon amour
Le caissier rêve, rêve d'additions
Le rentier rêve, rêve de coupons
L'athlète rêve, rêve de champions
Et moi je rêve de vos yeux toujours

Charles Trenet (1913-2001)

LES RÊVES D'UNE GÉNÉRATION DEVIENNENT LA RÉALITÉ DES SUIVANTES.

Mihaly Karolyi (1875-1955)

Chaque être humain possède en rêve son monde à soi, mais à l'état de veille, tous ont un monde commun.

Héraclite (vers 500 av. J.-C.)

10

RÊVER SA VIE, UN DESTIN À accomplir

Dans vingt ans, vous serez plus déçu par les choses que vous n'avez pas faites que par celles que vous avez faites. Alors sortez des sentiers battus. Mettez les voiles. Explorez. Rêvez. Découvrez.

Mark Twain (1835-1910)

N'ayez pas peur… Laissez-vous guider par votre rêve, même si vous devez momentanément le mettre de côté pour trouver un emploi ou payer votre loyer. Et restez toujours ouvert aux opportunités de sortir du cadre pour mener la vie et faire les choses qui vous inspirent profondément… N'ayez pas peur.

Jane Goodall (1934-)

Quoique tu rêves d'entreprendre, commence-le. L'audace a du génie, du pouvoir, de la magie.

Johann Wolfgang von Goethe

(1749-1832)

L'univers nous aide toujours à nous battre pour nos rêves, si bêtes qu'ils puissent paraître. Parce que ce sont nos rêves, et nous sommes seuls à savoir combien il nous a coûté de les rêver.

Paulo Coelho (1947-)

ENDORS-TOI AVEC UN RÊVE ET RÉVEILLE-TOI AVEC UN OBJECTIF.

Steve Jobs (1955-2011)

Ce n'est pas avec des chiffres, ce n'est pas en courant sur la ligne de l'histoire qu'on peut percer les ténèbres des millénaires. Non, il faut beaucoup rêver – rêver en prenant conscience que la vie est un rêve, que ce qu'on rêve au-delà de ce qu'on a vécu est vrai, est vivant, est là, présent en toute vérité devant nos yeux.

Gaston Bachelard (1884-1962)

LA MEILLEURE FAÇON DE RÉALISER SES RÊVES EST DE SE RÉVEILLER.

Paul Valéry (1871-1945)

Toute la substance de l’ambition n’est que l’ombre d’un rêve.

William Shakespeare (1564-1616)

Rêver permet de se relever, de donner un sens à sa vie et de transformer les difficultés du passé en ressource.

Henry David Thoreau (1817-1862)

Entoure-toi de rêveurs, de créateurs, de mystiques et de penseurs. Mais plus que tout, entoure-toi de ceux qui voient la grandeur qui t'habite même si tu ne la vois pas toi-même.

Edmund Lee (XXIe siècle)

Si je ne poursuis pas mes rêves pendant la journée, de toute façon, ce sont eux qui viennent m'assaillir pendant la nuit.

Yuval Abramovitz (1976-)

CHÉRISSEZ VOS VISIONS ET VOS RÊVES, CAR ILS SONT LES ENFANTS DE VOTRE ÂME, LES PIERRES D'ASSISES DE VOS RÉALISATIONS ULTIMES.

Napoleon Hill (1883-1970)

Fais de ta vie un rêve, et d'un rêve une réalité.

Antoine de Saint-Exupéry
(1900-1944)

CEUX QUI RÊVENT ÉVEILLÉS ONT CONSCIENCE DE MILLE CHOSES QUI ÉCHAPPENT À CEUX QUI NE RÊVENT QU'ENDORMIS.

Edgar Allan Poe (1809-1849)

Si je recommençais ma vie, je tâcherais de faire mes rêves encore plus grands ; parce que la vie est infiniment plus belle et plus grande que je n'avais cru, même en rêve.

Georges Bernanos (1888-1948)

Ayez confiance en vos rêves, car en eux se cache le portail de l'éternité.

Khalil Gibran (1883-1931)

L'avenir appartient à tous ceux qui, en entendant le mot « rêve », voient un verbe au lieu d'un nom commun.

Lori Nelson Spielman (1961-)

Persévérez sur la voie de vos rêves. Nous avons tous un destin à découvrir, à inventer, à construire.

Jean-Louis Étienne (1946-)

11

CONVOQUER ses rêves

Si un peu de rêve est dangereux, ce qui en guérit, ce n'est pas moins de rêve, mais plus de rêve, mais tout le rêve. Il importe qu'on connaisse entièrement ses rêves pour n'en plus souffrir.

Marcel Proust (1871-1922)

Si l'on avance avec confiance dans la direction de ses rêves, si l'on essaie de vivre la vie qu'on a imaginée, on sera payé d'un succès inattendu en temps ordinaire. On laissera certaines choses en arrière, on franchira une frontière invisible.

Henry David Thoreau (1817-1862)

QUAND ON VEUT UNE CHOSE, TOUT L'UNIVERS CONSPIRE À NOUS PERMETTRE DE RÉALISER NOTRE RÊVE.

Paulo Coelho (1947-)

Quand j'écris avec folie ou lis avec fièvre, je prépare l'irruption de l'improbable, je dresse la table où l'incroyable viendra s'asseoir. Pour trinquer avec mes songes. Rêver crée. Rêver est un verbe suractif.

Pascal Jardin (1934-1980)

Les rêves sont des mouvements secrets qu'on ne met pas assez à leur vraie place ; la moitié des hommes s'en moque, l'autre portion y ajoute foi ; il n'y aurait aucun inconvénient à les écouter, et à s'y rendre.

Donatien Alphonse François de Sade (1740-1814)

Pour réaliser une chose vraiment extraordinaire, commencez par la rêver. Ensuite, réveillez-vous et allez d'un trait jusqu'au bout de votre rêve sans jamais vous laisser décourager.

Walt Disney (1901-1966)

12

L'ABOUTISSEMENT importe peu

Les rêves ne sont pas réalisables, nous le savons ; nous n'en formerions peut-être pas sans le désir, et il est utile d'en former pour les voir échouer et que leur échec instruise.

Marcel Proust (1871-1922)

Avec la force des rêves, on va. Et si on n'atteint pas le rêve, cela n'a pas d'importance parce qu'on a tout de même fait du chemin et en chemin on rencontre, parfois on se rencontre soi-même et c'est ça œuvrer pour vivre.

Jeanne Benameur (1952-)

NE TE CROIS PAS PAUVRE
PARCE QUE TES RÊVES
NE SE SONT PAS RÉALISÉS.
VRAIMENT PAUVRE EST CELUI
QUI NE CONNAÎT PAS
LE RÊVE.

Marie von Ebner-Eschenbach
(1830-1916)

Très souvent, au cours de notre existence, nous voyons nos rêves déçus et nos désirs frustrés, mais il faut continuer à rêver, sinon notre âme meurt.

Paulo Coelho (1947-)

Si tu n'arrives pas à réaliser tes rêves, réjouis-toi d'y avoir cru. Si tu as perdu toutes tes batailles, dis-toi que la défaite a ses mérites aussi puisqu'elle est la preuve que tu t'es battu.

Yasmina Khadra (1955-)

13

MERVEILLEUX PAYS DES RÊVES, MERVEILLEUX rêveurs

Par la cosmicité d'une image, nous recevons donc une expérience de monde, la rêverie cosmique nous fait habiter un monde. Elle donne au rêveur l'impression d'un chez soi dans l'univers imaginé.

Gaston Bachelard (1884-1962)

À mes yeux, l'expérience du rêveur n'est pas sans analogie avec celle du poète. On peut comparer les éléments oniriques à l'état brut, avec leurs résonances symboliques multipliables à l'infini, aux rimes alignées dans les colonnes d'un dictionnaire. Le dormeur assemble des images comme le poète assemble des mots.

Marguerite Yourcenar (1903-1987)

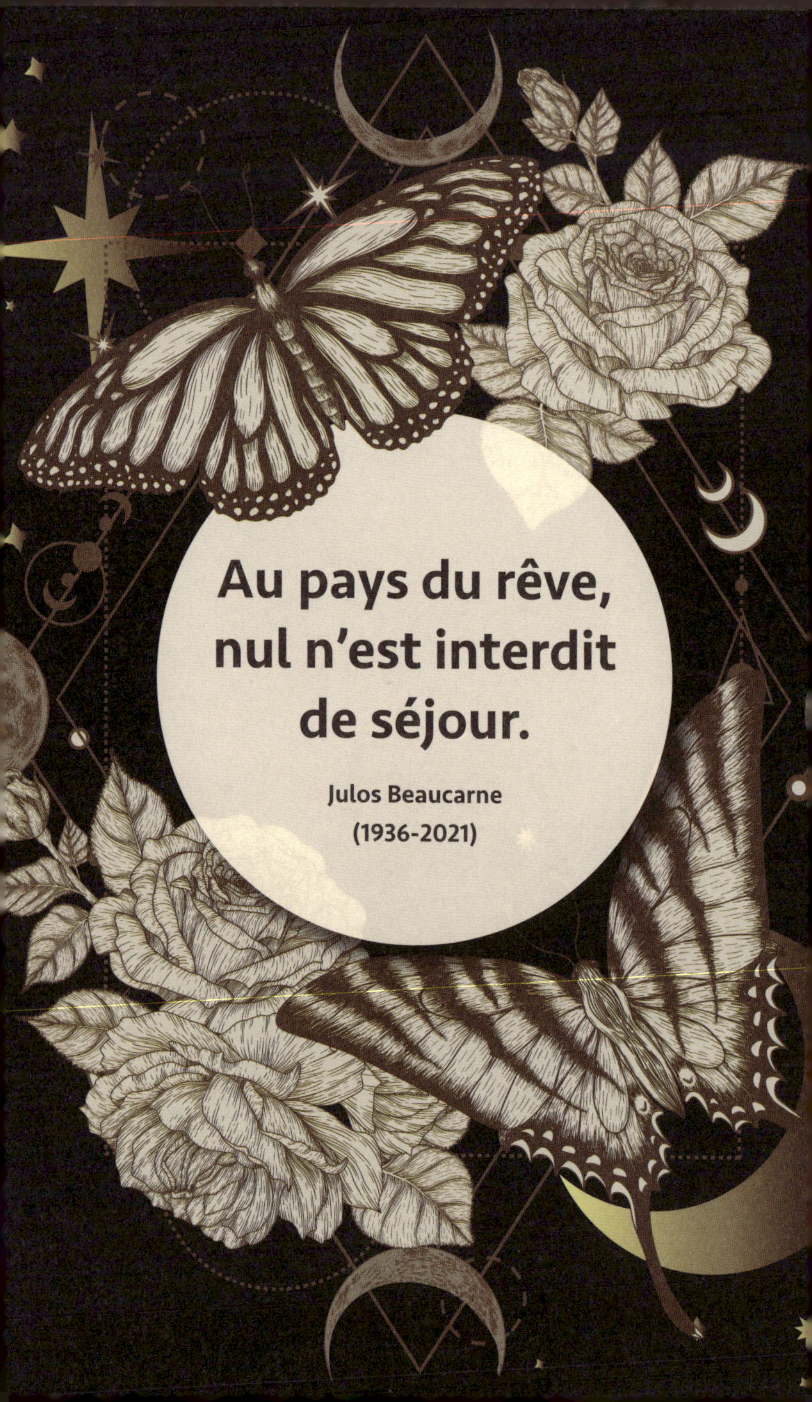
Au pays du rêve, nul n'est interdit de séjour.
Julos Beaucarne
(1936-2021)

On peut tout te prendre, tes biens, tes plus belles années, l'ensemble de tes joies, et l'ensemble de tes mérites, jusqu'à ta dernière chemise, il te restera toujours tes rêves pour réinventer le monde que l'on t'a confisqué.

Yasmina Khadra (1955-)

Quelquefois mes rêveries finissent par la méditation, mais plus souvent mes méditations finissent par la rêverie, et durant ces égarements mon âme erre et plane dans l'univers sur les ailes de l'imagination, dans des extases qui dépassent toute autre jouissance.

Jean-Jacques Rousseau (1712-1778)

— Il est en train de rêver, déclara Blanc Bonnet ; et de quoi crois-tu qu'il rêve ?

— Personne ne peut deviner cela, répondit Alice.

— Mais, voyons, il rêve de toi ! s'exclama Blanc Bonnet, en battant des mains d'un air de triomphe. Et s'il cessait de rêver de toi, où crois-tu que tu serais ?

— Où je suis à présent, bien sûr, dit Alice.

— Pas du tout ! répliqua Blanc Bonnet d'un ton méprisant. Tu n'es qu'un des éléments de son rêve !

— Si ce Roi qu'est là venait à se réveiller, ajouta Bonnet Blanc, tu disparaîtrais — Pfutt! – comme une bougie qui s'éteint !

— C'est faux ! protesta Alice d'un ton indigné. D'ailleurs, si, moi, je suis un des éléments de son rêve, je voudrais bien savoir ce que vous êtes, vous ?

— Idem, répondit Bonnet Blanc.

— Idem, idem ! cria Blanc Bonnet.

Il cria si fort qu'Alice ne put s'empêcher de dire :

— Chut ! Vous allez le réveiller si vous faites tant de bruit.

— Voyons, pourquoi parles-tu de le réveiller, demanda Blanc Bonnet, puisque tu n'es qu'un des éléments de son rêve ? Tu sais très bien que tu n'es pas réelle.

— Mais si, je suis réelle ! affirma Alice, en se mettant à pleurer.

— Tu ne te rendras pas plus réelle en pleurant, fit observer Blanc Bonnet. D'ailleurs, il n'y a pas de quoi parler.

— Si je n'étais pas réelle, dit Alice (en riant à travers ses larmes, tellement tout cela lui semblait ridicule), je serais incapable de pleurer.

— J'espère que tu ne crois pas que ce sont de vraies larmes ? demanda Bonnet Blanc avec le plus grand mépris.

« Je sais qu'ils disent des bêtises », pensa Alice, « et je suis stupide de pleurer ».

Là-dessus, elle essuya ses larmes, et continua aussi gaîment que possible :

— En tout cas, je ferais mieux de sortir du bois, car, vraiment, il commence à faire très sombre. Croyez-vous qu'il va pleuvoir ?

Lewis Caroll (1832-1898)

14

FANTASMAGORIE des rêves

Je fais souvent ce rêve étrange et pénétrant
D'une femme inconnue, et que j'aime, et qui m'aime
Et qui n'est, chaque fois, ni tout à fait la même
Ni tout à fait une autre, et m'aime et me comprend.

Paul Verlaine (1844-1896)

Il lui dit qu'il la désire. Elle lui dit : « Dans tes rêves ! » Il se console en pensant, qu'ainsi, il l'aura chaque nuit dans son lit.

Daniel Confland (XXIe siècle)

Toutes les nuits tu m'es présente
Par songe doux et gracieux.
Mais tous les jours tu m'es absente
Qui m'es regretz fort ennuyeux.

Puis donc que la nuit me vaut mieux
Et que je n'ai bien que par songe.
Dormez de jour, Ô pauvres yeux !
Afin que sans cesse je songe.

Clément Janequin (1485-1558)

La nuit a des charmes pour la jeune fille dont le cou repose sur un bras qui l'entoure. Je poursuis dans une couche solitaire des songes mensongers : tandis que me manquent les joies véritables, les fausses me plaisent. Je m'arrache au sommeil, et j'adore toutefois les simulacres de la nuit.

Ovide (43 av. J.-C.-17 apr. J.-C.)

DANS CE PETIT MOMENT,
Ô SONGES RAVISSANTS !
QU'AMOUR VOUS A PERMIS
D'ENTRETENIR MES SENS,
J'AY TENU DANS MON LICT
ÉLISE TOUTE NUE.

Pierre de Ronsard (1524-1585)

Dans mon subconscient, depuis longtemps j'avais dû concevoir cette créature idéale, intangible – et elle était là, devant mes yeux, aussi certaine que mon propre passé. Elle venait de cette région nocturne où nos désirs s'accumulent et se chargent d'un pouvoir incontrôlable.

André Hardellet (1911-1974)

En l'absence d'une mythologie générale efficace, chacun d'entre nous possède son panthéon privé, méconnu, rudimentaire, mais secrètement puissant, de rêves.

Joseph Campbell (1904-1987)

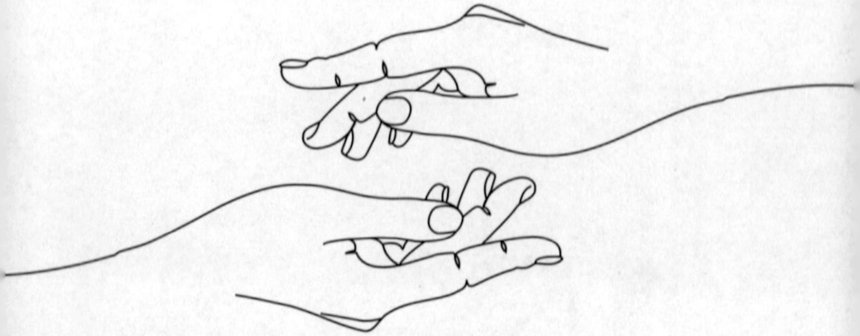

Il me semble impossible qu'il n'y ait pas entre nous une espèce d'attraction invisible qui nous avertisse réciproquement de ce qui nous intéresse relativement aux sentiments l'un de l'autre. Depuis que j'ai reçu tes lettres, mes rêves sont plus heureux, et souvent ils sont délicieux ; mais auparavant, j'en ai eu, un surtout, qui me fit fuir de mon lit, tant j'avais de crainte de le trouver. Maintenant chaque nuit me rappelle quelques-uns des événements passés de nos amours ; souvent l'illusion est si forte, que je t'entends, je te vois, je te touche.

Honoré de Mirabeau (1749-1791)

15

BEAU COMME un rêve

Rêver un impossible rêve (...) Tenter, sans force et sans armure, d'atteindre l'inaccessible étoile. Telle est ma quête, suivre l'étoile. Peu m'importent mes chances. Peu m'importe le temps. Ou ma désespérance.

Jacques Brel (1929-1978)

Sans mors, sans éperon, sans bride, partons à cheval sur le vin pour un ciel féerique et divin ! Nous fuirons sans repos ni trêve, vers le paradis de mes rêves !

Charles Baudelaire (1821-1867)

Le rêve était là, tranquille, il se gorgeait des parfums des fleurs pour être encore plus beau. Beau, il l'était au point que le regarder était déjà une féerie. On eût dit une multitude de bulles de savon scintillantes, reflétant toutes les lumières du soleil, avec en leur cœur des étoiles d'eau multicolores qui dansaient tout doucement. Si l'on venait à le toucher, l'impression était celle de plumes, de plumes légères et moelleuses. Si l'on y approchait le nez, l'odeur d'une serviette de bain toute propre dominait, mais aussi celle de la peau douce d'un bébé.

Nathalie Brisac (XXIe siècle)

Le chocolat est bien évidemment la matière dont sont faits les rêves. Des rêves riches, noirs, soyeux et doux qui troublent les sens et éveillent les passions.

Judith Olney (XXIe siècle)

IL Y A TANT DE RÊVES AU CIEL QUE LA POÉSIE, GÊNÉE PAR LES MOTS, N'A PU NOMMER.

Gaston Bachelard (1884-1962)

La vie est si petite et le rêve si grand.

Carmen Sylva (1843-1916)

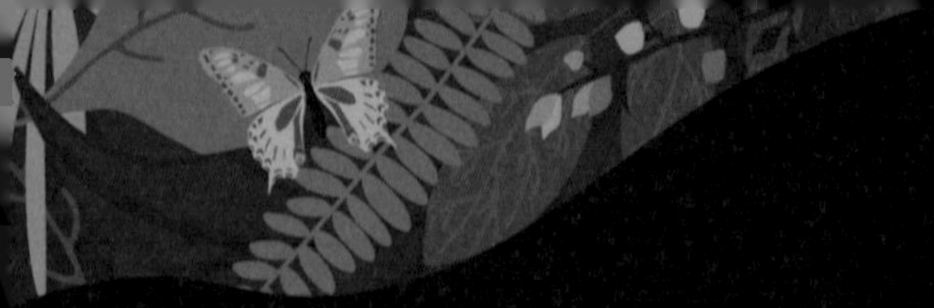

J'AI TANT RÊVÉ QUE JE NE SUIS PLUS D'ICI.

Léon-Paul Fargue
(1876-1947)

Je fis un de ces beaux rêves qui se détachent parfois, avec une netteté de poème, des griffonnages aveugles de l'inconscient.

Yves Bonnefoy (1923-2016)

Les fleurs du printemps sont les rêves de l'hiver racontés, le matin, à la table des anges.

Gibran Khalil (1883-1931)

Dans l'obscurité
de la lune,
nos rêves éclairent
le chemin.

Francis Jammes (1868-1938)

Il rêve qu'il est heureux ; que sa nature corporelle a changé ; ou que, du moins, il s'est envolé sur un nuage pourpre, vers une autre sphère, habitée par des êtres de même nature que lui. Hélas ! Que son illusion se prolonge jusqu'au réveil de l'aurore ! Il rêve que les fleurs dansent autour de lui en rond, comme d'immenses guirlandes folles, et l'imprègnent de leurs parfums suaves, pendant qu'il chante un hymne d'amour entre les bras d'un être humain d'une beauté magique. Mais ce n'est qu'une vapeur crépusculaire que ses bras entrelacent ; et, quand il se réveillera, ses bras ne l'entrelaceront plus. Ne te réveille pas, hermaphrodite ; ne te réveille pas encore, je t'en supplie. Pourquoi ne veux-tu pas me croire ? Dors… dors toujours. Que ta poitrine se soulève en poursuivant l'espoir chimérique du bonheur, je te le permets ; mais n'ouvre pas tes yeux. Ah ! N'ouvre pas tes yeux ! Je veux te quitter ainsi, pour ne pas être témoin de ton réveil.

Lautréamont (1846-1870)

16

OÙ VONT LES RÊVES QUAND SE LÈVE le jour ?

Nos rêves ne s'effacent pas plus au fond de nous que les étoiles du ciel quand le jour revient. Ils continuent de luire derrière nos sentiments, nos pensées, nos actes. Il y a les faits, et il y a un sous-sol des faits ; c'est ce que nous explorons.

Louis Pauwels (1920-1997)

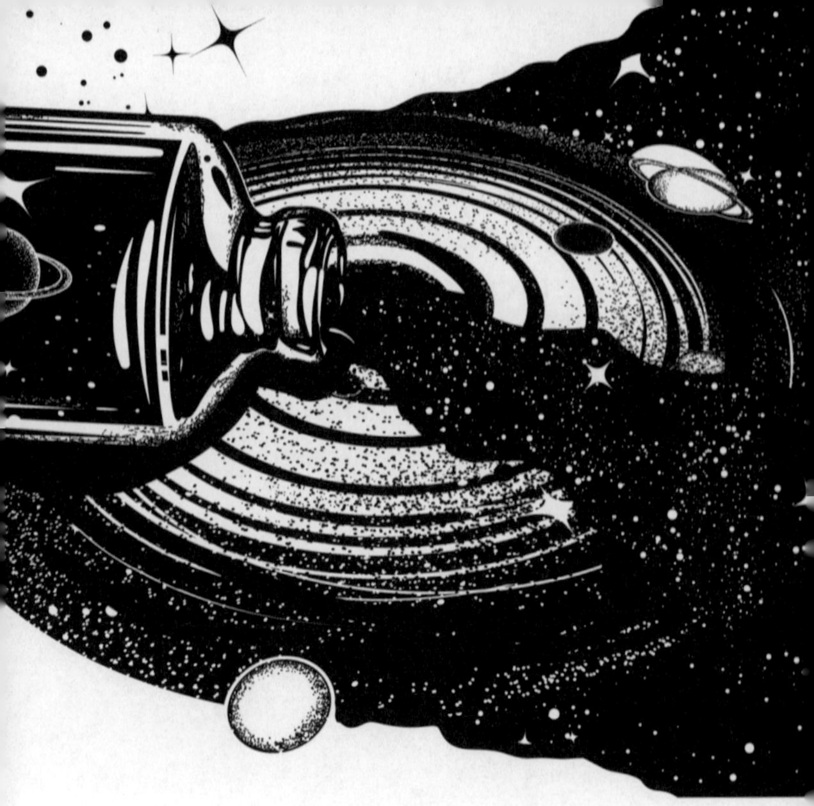

Des rêves à la pelle
Comme si mes jours débordaient
Et que ma plume était verte
Je dors avec mes ombres
Et me réveille sans
Ô nuit
résiste
Le dieu de l'aube
Dévore tes enfants

Abdellatif Laâbi (1942-)

LE RÉVEIL FAIT AUX RÊVES UNE RÉPUTATION ; QU'ILS NE MÉRITENT PAS.

Paul Valéry (1871-1945)

Les rêves sont la littérature du sommeil. Même les plus étranges composent avec des souvenirs. Le meilleur d'un rêve s'évapore le matin. Il reste le sentiment d'un volume, le fantôme d'une péripétie, le souvenir d'un souvenir, l'ombre d'une ombre.

Jean Cocteau (1889-1963)

Ne vous offensez pas que votre indifférence
Dans mes songes pour moi se transforme en amour ;
Si la nuit à mes yeux fait briller l'espérance,
Ils sont mouillés de pleurs quand je les rouvre au jour.

Répandant sur mes sens votre douce influence,
Vous offrez-vous à moi dans un rêve enflammé ;
Il me faut redescendre encore à l'existence,
De ce divin séjour où vous m'aviez aimé.

Antoine Fontaney (1803-1837)

**Chaque nuit,
au sommeil, s'éveille
en nous une source
créatrice fabuleuse
qui jaillit de rêve
en rêve et s'éteint
au réveil.**

Edgar Morin (1921-)

Ce qui se recueille au matin, avec les précautions que prennent les alchimistes pour la rosée, avait été vu dans une clarté supérieure à l'intelligence. Tout était cohérent, évident et nécessaire. Le rêve vécu est absolu ; raconté, il est discontinu. C'est qu'en fait le rêve est une forme vécue de l'éternité ; il est d'une lumière égale sur tout, sans ombre, remarque Nerval. Les aspects mondains, sueur et peur de la mort ne s'inscrivent pas en lui. Et en ce sens ce n'est pas le sommeil qui est semblable à la mort ; mais l'éveil qui réintroduit le rêveur dans le dissolu.

Jean Roudaut (1929-)

Abramovitz Yuval (1976-), écrivain, journaliste israélien.
Amiel Henri-Frédéric (1821-1881), écrivain, philosophe suisse.
Aristote (384-322 av. J.-C.), philosophe grec.
Artémidore d'Éphèse (IIe siècle), écrivain, philosophe syrien.
Bachelard Gaston (1884-1962), philosophe, épistémologue.
Barbot Marie-Françoise (1957-), psychographologue.
Baudelaire Charles (1821-1867), poète, critique littéraire.
Beaucarne Julos (1936-2021), auteur, compositeur, interprète belge.
Béguin Albert (1901-1957), écrivain, critique, éditeur suisse.
Benameur Jeanne (1952-), écrivaine.
Bernanos Georges (1888-1948), écrivain.
Bonnefoy Yves (1923-2016), poète, critique d'art, traducteur.
Borges Jorge Luis (1899-1986), écrivain argentin.
Bossuet Jacques-Bénigne (1627-1704), homme d'Église, écrivain.
Brel Jacques (1929-1978), auteur, compositeur, interprète, acteur belge.
Breton André (1896-1966), poète, écrivain.
Brisac Nathalie (XXIe siècle), enseignante, éditrice.
Byron George Gordon (1788-1824), poète britannique.
Calderón de la Barca Pedro (1600-1681), poète, dramaturge espagnol.
Campbell Joseph (1904-1987), écrivain, enseignant, conférencier américain.
Caroll Lewis (1832-1898), romancier, essayiste, photographe britannique.
Castaneda Carlos (1925-1998), écrivain, anthropologue américain.
Cervantes Miguel de (1547-1616), écrivain, poète, dramaturge espagnol.
Clairville Onésime de (1599-1650), écrivain, conseiller du roi.
Cocteau Jean (1889-1963), dessinateur, poète, dramaturge, réalisateur.
Coelho Paulo (1947-), écrivain, journaliste brésilien.
Confland Daniel (XXIe siècle), écrivain.
Dick Philip K. (1928-1982), écrivain américain.
Disney Walt (1901-1966), producteur, réalisateur, scénariste américain.
Du Camp Maxime (1822-1894), écrivain, photographe.
Ebner-Eschenbach Marie von (1830-1916), écrivaine autrichienne.
Éluard Paul (1895-1952), poète.
Eschyle (525-456 av. J.-C.), dramaturge grec.
Étienne Jean-Louis (1946-), médecin, explorateur.
Fargue Léon-Paul (1876-1947), écrivain, poète.
Fontaney Antoine (1803-1837), journaliste, écrivain, poète.
Freud Sigmund (1856-1939), neurologue, psychanalyste autrichien.

Gibran Khalil (1883-1931), poète libanais.

Goethe Johann Wolfgang von (1749-1832), écrivain, dramaturge, poète, homme d'État allemand.

Goodall Jane (1934-), anthropologue britannique.

Gounelle Laurent (1966-), écrivain.

Guyon Jeanne-Marie (1648-1717), mystique catholique.

Hardellet André (1911-1974), écrivain, poète, scénariste.

Héraclite (vers 500 av. J.-C.), philosophe grec.

Hill Napoleon (1883-1970), écrivain, conférencier américain.

Homère (VIIIe siècle av. J.-C.), poète grec.

Hundertwasser Friedensreich (1928-2000), artiste, architecte autrichien.

Isotti-Rosowsky Giuditta (XXIe siècle), universitaire, écrivaine.

Jaccottet Philippe (1925-2021), écrivain, poète, critique littéraire suisse.

Jammes Francis (1868-1938), écrivain, poète.

Janequin Clément (1485-1558), compositeur, chantre, prêtre.

Jardin Pascal (1934-1980), écrivain, dialoguiste, scénariste.

Jobs Steve (1955-2011), entrepreneur, inventeur américain.

Jung Carl Gustav (1875-1961), médecin psychiatre suisse.

Karolyi Mihaly (1875-1955), homme d'État hongrois.

Khadra Yasmina (1955-), écrivain algérien.

Kundera Milan (1929-2023), écrivain, dramaturge franco-tchèque.

Laâbi Abdellatif (1942-), poète, écrivain, traducteur marocain.

La Fontaine Jean de (1621-1695), poète, moraliste.

Lahire Bernard (1963-), sociologue.

Lautréamont (1846-1870), poète franco-uruguayen.

Lee Edmund (XXIe siècle), journaliste, coach.

Leiris Michel (1901-1990), écrivain, poète, ethnologue.

Lennon John (1940-1980), auteur, compositeur, interprète britannique.

Luther King Martin (1929-1968), pasteur, militant non violent afro-américain.

Mabanckou Alain (1966-), écrivain, enseignant franco-congolais.

Maeterlinck Maurice (1862-1949), écrivain belge.

Malzieu Mathias (1974-), auteur, compositeur, interprète, scénariste, réalisateur.

Marceau Félicien (1913-2012), romancier, dramaturge, scénariste, essayiste.

Maurier George du (1834-1896), écrivain, illustrateur britannique.

Michaux Henri (1899-1984), écrivain, poète, peintre belge.

Mirabeau Honoré de (1749-1791), écrivain, diplomate, homme politique.

Morin Edgar (1921-), sociologue, philosophe.

Nerval Gérard de (1808-1855), poète.
Nietzsche Friedrich (1844-1900), philosophe, écrivain, compositeur allemand.
Novalis (1772-1801), écrivain, poète, philosophe, juriste, géologue allemand.
Olney Judith (XXIe siècle), écrivaine américaine.
Orwell George (1903-1950), écrivain, essayiste, journaliste britannique.
Ovide (43 av. J.-C.-17 apr. J.-C.), poète romain.
Pauwels Louis (1920-1997), journaliste, écrivain.
Pennac Daniel (1944-), écrivain.
Perec Georges (1936-1982), écrivain, poète.
Pivert de Senancour Étienne (1770-1846), écrivain.
Poe Edgar Allan (1809-1849), écrivain, poète, critique littéraire américain.
Proust Marcel (1871-1922), écrivain.
Rio Michel (1945-), écrivain.
Ronsard Pierre de (1524-1585), poète.
Roudaut Jean (1929-), universitaire, écrivain.
Rousseau Jean-Jacques (1712-1778), écrivain, philosophe suisse.
Sabatier Robert (1923-2012), écrivain, poète.
Sade Donatien Alphonse François de (1740-1814), écrivain, philosophe.
Saint Augustin (354-430), théologien chrétien, philosophe romain.
Saint-Exupéry Antoine de (1900-1944), écrivain, poète, aviateur, reporter.
Sartre Jean-Paul (1905-1980), écrivain, philosophe.
Serres Michel (1930-2019), historien, philosophe.
Shakespeare William (1564-1616), dramaturge britannique.
Singer Christiane (1943-2007), écrivaine.
Spielman Lori Nelson (1961-), écrivaine américaine.
Staël Germaine de (1766-1817), écrivaine, épistolière, philosophe.
Sylva Carmen (1843-1916), écrivaine allemande.
Tatius Achille (IIe siècle), écrivain grec.
Thoreau Henry David (1817-1862), naturaliste, écrivain, philosophe américain.
Tolkien J. R. R. (1892-1973), poète, écrivain, essayiste, philologue, américain.
Trenet Charles (1913-2001), auteur, compositeur, interprète.
Twain Mark (1835-1910), écrivain américain.
Valéry Paul (1871-1945), écrivain, poète, philosophe.
Vapereau Gustave (1819-1906), écrivain, encyclopédiste.
Verlaine Paul (1844-1896), écrivain, poète.
Walser Robert (1878-1956), écrivain, poète suisse.
Yourcenar Marguerite (1903-1987), écrivaine, poétesse franco-américaine.